공명 사회

위기의 민주주의 경청에서 답을 찾다

공명 사회

DEMOKRATIE BRAUCHT RELIGION

슈피겔
베스트셀러!

하르트무트 로자 지음

유영미 옮김

미케북스

어떤 사회에서 살고자 하는가

　하르트무트 로자는 현대의 핵심적 주제 중 하나를 다루는 책을 냈다. 나는 여기서 이 책이 어떤 내용을 담고 있는지 미리 살펴보거나 판단하지 않으려 한다. 그 역할은 독자들의 몫으로 남겨두어야 할 것이다. 그보다는 다른 저자들이 신, 종교 등에 대해 무슨 말을 하는지를 이야기해보려 한다.

　하르트무트 로자가 말하는 '공명'이라는 개념이 '성공적인 실천'이라 할 수 있는 실천 형태를 지향하는 개념임을 알아차리기는 어렵지 않다. 이 개념 안에는 소통적인 요소, 공동의 요소, 협력적인 요소가 있다. 많은 사람은 이미 타자들과 '성공적으로' 상호작용을 하면서 공명이 무엇인지, 그것이 얼마나 깊은 만족감을 줄 수 있는지 경험했을 것이다. 하지만 – 사실 이게 문제인데 – 우리는 이와 반대되는 것을 훨씬 더 자주 경험한다. 공명의 반대 개념은 이미 확립되어 있다. 바로 소외다.

여러 가지 소외 이론을 자세히 살펴볼 때마다, 소외가 원래 종교적 주제는 아니지만, 종교와 관계가 있다는 걸 확인하게 될 것이다. 소외라는 주제를 각자 나름의 방식으로 다룬 몇몇 철학자가 있다. 헤겔, 포이어바흐, 마르크스, 벤야민이 그들이다.

게오르크 빌헬름 프리드리히 헤겔은 신정론theodicy 문제에 주의를 환기하면서 소외의 문제를 반어적인 방식으로 다루었다. 신정론에서는 창조 세계가 그렇게 불완전해 보이는데도 신을 정당화할 수 있는지를 다룬다. 마찬가지로 법철학의 과제는 사회적 모순 앞에서 국가 이성reason of state이 어떻게 구현되는지를 의식하는 것이라고 본다. 국가는 국가의 제도가 전체 사회에 대한 성찰과 비판을 비로소 가능케 함으로써 자유를 만들어낸다. 신정론이라는 표현을 차용한 것이 다소 아이러니해 보일지 모르겠지만, 헤겔은 종교와 예술 양측에 특별한 가치를 부여한다. 모든 인간이 철학자가 될 수는 없겠지만, 예술과 종교에서 인간은 스스로를 주제로 삼아 공동의 실천 가능성을 모색할 수 있다.

루트비히 포이어바흐는 종교에 초점을 맞추고, 종교에서 특별한 소외의 문제를 본다. 신 개념을 통해 사람들은 서로를 같은 공동체의 구성원으로, 인간이라는 종족Gattung의 구성원으로 인식한다고 한다. 그리고 실제 인간과 유적 존재Gattungswesen(자연적, 사회적 존재로서의 인간의 보편적 존재 방식)가 분리되는 소외는 신의 개념이 오직 인간에게서 비롯된 것으로만 볼 때 극복될 수 있다고 주장한다.

카를 마르크스는 한 걸음 더 나아간다. 마르크스는 어찌하여 인간들이 '유적 존재'로서의 자기 자신으로부터 떨어져 나와 분리된 채로 존재하는지 묻는다. 국가를 통해서든, 신을 통해서든 말이다. 실생활의 구체적인 지배 구조에서의 무엇인가가 인간이 '유적 존재'로서 서로 관계 맺는 것을 방해한다. 현실 속에서 이루어지는 협력은 왜곡된 형태로, 이성적인 협력에 대한 욕구가 소외된 모습으로 나타난다.

발터 벤야민은 다시금 다른 방식으로, 해방된 사회라는 개념을 이해하기 위해 종교적 사유의 모티브를 세속적 맥락에서 적용하는 것을 중요하게 여긴다. 벤야민의 '역사철학 테제'는 인류 역사는 억압하는 자, 승자, 지배자의 기록이지, 결코 억압당한 자의 기록이 아니라고 말한다. '역사의 천사'는 파라다이스, 즉 구원에 대한 희망을 안고 '폐허'

를, 즉 폭력과 억압의 희생자를 일으켜 세우고자 한다. 그러나 파라다이스에서 쫓겨난 자인 인간이 실제로 눈에 보게 되는 것은 지배의 역사이다. 그리하여 이런 지배의 역사를 억압당한 자들의 관점에서 볼 때 억압당한 이들의 목소리가 부활한다. 따라서 지배자들의 역사에 등장하지 않는 사람들이 발언해야 한다. 그럴 때만 해방된 사회로 나아갈 수 있다.

아무튼 이성적인 실천에 대한 사유는 종교와 '은밀한' 관계를 맺고 있다.

신을 믿지 않는 나로서는 종교적 사상에 담긴 해방적 특성을 잃지 않는 것이 중요하다고 생각한다. 민주주의의 핵심이 그 절차에 있다고 해도, 민주주의를 단지 지배를 합법화하기 위한 절차의 모음으로만 여길 때 민주주의는 위축된다. 결국에는 우리가 어떤 사회에서 살고자 하는가 하는 질문이 중요하다. 사회적 현실이 자유롭고 평등한 공동체라는 민주주의적 이상에서 너무 멀어지고, 공동선을 위한 이성적 논의가 이루어지지 않는다면, 그런 현실에서는 민주주의의 바탕인 해방적 특성이 제 역할을 하지 못한다.

이런 현실을 변화시키고자 하고, 이곳에서 살아가는 모든 사람을 인간답게 대하는 더 정의로운 나라를 원한다면, 권력자들에게 맞설 의지, 힘, 또한 용기를 가져야 한다. 일반적으로 주류Mainstream는 권력자들 편이기 때문이다.

현재는 종교만이 사회에서 보편적으로 받아들여지는 기본적인 도덕과 가치를 만들어나갈 수 있는 능력을 가지고 있다. 순수하게 내용적 측면에서는 좌파에도 장점이 많았음에도 불구하고, 사회 세력으로서의 좌파는 사회주의가 탄생하고 좌초하는 과정을 거치면서 도덕과 가치 창출을 감당하는 역할을 하지 못한 지 오래다. 좌파는 사회 전반에 일반적 구속력을 행사하지 못한다. 그리고 보수주의자들은 최소한 성향상으로는, 가치관보다 자본주의 경제가 원활히 돌아가는 것에 더 비중을 둔다. 하지만 시장은 도덕과 가치를 창출할 수 없다.

이런 의문을 제기하는 사람들이 종종 있다. 교회 내부에서도 모든 일이 순조롭지 않은 데다, 재물을 모아 부자가 되는 교회들이 굳이 사회 정의의 방패 구실을 할 수 있겠냐는 의문이다. 그러나 다른 한편으로 교회 안의 아주 많은 사람들이 매일의 삶에서 인권 존중, 연대, 자비 같은 도덕심과 가치관으로 살아가고, 그것을 전달하고, 최상의 의미에서 확산시키고 있으며, 이를 통해 실제 사회에서 최소한 부분적으로나마 사회적 소외 현상이 상쇄되고 있음은 부인할 수 없다.

유감스럽게도 대체로 한 사회의 지배적 정치 체제는 스스로가 사회적 안전망에 초래한 커다란 틈을 사람들이 메꾸어줄 거라고 믿는다. 그렇기에 교회적 배경에서든, 인도

주의적 배경에서든, 선한 이웃이 되고자 하는 마음에서든, 좌파적 배경에서든, 우파적 배경에서든 많은 사람들의 연대적인 참여가 한층 중요하다고 하겠다. 동시에 정치와 사회가 변화되어 소외가 더 이상 사회의 본질적 특징이 되지 않게 하는 것이 우리 모두의 과제이다.

독일의 정치인이자 변호사
그레고르 기지

정치와 사회가 변화되어

소외가 더 이상 사회의 본질적 특징이

되지 않게 하는 것이

우리 모두의 과제이다.

• 2022년 뷔르츠부르크 교구 리셉션 연설문을 바탕으로 쓰인 책이다.

민주주의는 공명이 필요하다

친애하는 신사 숙녀 여러분,

　우선 저를 이곳 교구 리셉션에 초대해주셔서 진심으로 감사드립니다. 저는 다양한 색깔을 지닌 분들과 대화를 나누는 걸 무척 좋아합니다. 경험상 이런 대화가 정말로 생산적일 수 있음을 알기 때문이지요. 특히 제 이론을 발전시켜 나가는 데도 도움이 됩니다. 저의 이론은 이런 대화를 통해 만들어지기 때문입니다. 실제로 제가 사회학자로서 힘들게 파악해낸 많은 것들이 교회 차원에서는 이미 숙고되고, 실천되고 있음을 확인하곤 합니다. 그래서 여기서 여러분과 토론하고 이야기할 수 있는 기회가 생겨서 너무나 기쁩니다.

　저를 좋게 소개해주셔서 감사하고, 아름다운 연주도 감사드립니다. 공명共鳴을 생각하면, 플루트나 관악 앙상블보다 더 탁월한 공명은 찾아볼 수 없을 듯합니다. 라이브 연주에서는 공명이 직접적으로 느껴지니까요. 이런 음악은 사물을 진동시킵니다. 호흡이, 숨결이 연주자들과 공명을 하지요. 뿐만 아니라 연주자들 상호 간에도 공명을 합니다. 공간과도, 그리고 청중인 우리와도 공명을 합니다.

다행히 앞서 한 이야기와 여러분이 제정한 올해의 슬로건이 잘 어울리는데요, 바로 "내게 듣는 마음을 주소서."로군요. 제가 공명을 주제로 책을 썼는데, 바로 이 문장이 제 책의 핵심 아이디어라고 할 수 있습니다. 개인적인 삶과 더불어 살아가는 삶을 잘 살아내기 위해, 개인적으로나 사회적으로나 듣는 마음이 필요하다는 것이 제 책이 말하고자 하는 내용이니까요. 하지만 마음이 경청하지 않을 가능성은 분명히 있습니다. 마음이 듣지 않는다고 해서 무조건 개인을 탓할 수는 없습니다. 가령 우리가 어떤 음악과 공명하려면 조건이 맞아야 해요. 오늘 이곳의 음악과 관련해서 말하자면, 우선 플루트나 다른 관악기들이 서로 공명을 해야 하지요. 악기들이 음이 맞지 않으면 이미 경청이 어려워져요. 불가능하지는 않아요. 그러나 더 힘들어지죠. 공간적, 환경적 조건도 맞아야 하고, 사회적 조건도 맞아야 합니다. 우리가 기분이 좋지 않거나, 공격적인 태도로 듣거나, 축 처진 기분으로 있으면, 제아무리 아름다운 음악도 우리에게 와닿을 수 없어요.

이런 점에서, 공명이 이루어지려면 전제 조건이 많다는 것을 알 수 있어요. 음악과 관련해서뿐 아니라, 사회에서도 공명이 이루어지기 위해서는 여러 전제 조건이 충족되어야 해요. 제가 질주하는 정지라는 개념으로 설명하고자 하는 사회에서는 특히나 그렇습니다. 질주하는 정지라는 표현은 두 가지를 포괄합니다. 한편으로는 사회가 질주하고 있어요. 실로 구조적 이유에서 사회는 마구 달려야 하지요. 그러나 다른 한편으로 사회는 정지되어 있거나 혹은 경직되어 있습니다. 사회가 운동감각을 잃었기 때문이죠. 이렇게 가속과 정지가 혼재된 상황이 바로 제가 사회학자로서 연구하고자 하는 핵심적인 통찰입니다.

질주하는 정지라는 표현은 두 가지를 포괄합니다.

한편으로는 사회가 질주하고 있어요.

그러나 다른 한편으로

사회는 정지되어 있거나 혹은 경직되어 있습니다.

사회가 운동감각을 잃었기 때문이죠.

한 사회가 계속해서 성장하고 가속하고, 전진해야 하는 상황이지만, 성장과 전진의 의미를 잃을 때, 사회는 위기에 처합니다. 여기서 흥미로운 질문은 이것이에요. 그런 사회가 대체 교회와 같은 제도를 필요로 할까? 여러분과 함께 그에 대해 생각해보고 싶습니다. 이 질문은 교회적 맥락뿐 아니라, 나아가 사회적 관점에서도 대두되는 질문이니까요. 여기서 우리에게 교회 같은 것이 필요할까요? 아니면 교회는 그저 시대에 뒤떨어진 제도일 따름일까요? 교회는 결국 사회가 다른 모습이었던 시절, 또한 세계와 다른 모습으로 관계 맺던 시절의 잔재일까요?

그런 주장을 펼치려 한다면, 다음과 같이 말할 이유들을 금방 찾을 수 있습니다. 네, 원래 교회는 더 이상 우리 시대의 종교성과는 맞지 않아요. 우리 시대는 모두가 자기만의 세계관을 만들고, 그에 의거해 살아가잖아요. 최소한 종교적 다원주의를 말하는 시대고요. 종교적 다원주의 안에서 서로 다른 목소리들이 서로 다른 해석을 제시하는 그런 시대입니다. 제 강의를 듣는 대학생들은 종종 그런 말을 해요. 그래요. 그들은 여러 종류의 미신이 있지 않냐고, 종교는 그런 미신 중 하나라고 말해요. 틀림없이 이 역시 현실을 해석하는 방식이에요. 최소한 이렇게 말할 수 있어요. 다양한 종교적 선택지가 있고, 국가는 중립성의 원칙에 어긋나지 않게 그 어떤 종교 조직에도 특별한 의미를 부여해서는 안 된다고요. 일요일은 기독교인들에게만 거룩하고, 금요일은 무슬림들에게, 토요일은 유대교인들에게, 그리고 다른 요일은 다른 믿음을 신봉하는 사람들에게 거룩한데, 우리는 왜 일요일에 쉬나요? 쉬려면 모두가 쉬고 싶은 날에 쉬어야 하지 않아요? 그렇게 시작할 수 있지요. 물론 크리스마스에도 그와 같은 질문을 제기할 수 있어요. 학교와 관련해서도요. 왜 우리 학교는 종교 과목으로 가톨릭을 배우는 거죠? 왜 히피나 휘게(소소한 기쁨을 누리는 일상을 중시하는 덴마크와 노르웨이식 생활 방식)에 대해서는 배우지 않나요? 이런 질문이 제기돼요. 실제로 제기되고, 논의돼요.

심지어 교회가 사회에 지장을 초래하는 요소인가도 논할 수 있어요. 일요일에 일하지 않고 쉬는 걸 고집하면 글로벌 경제의 경쟁에서 불리하기 때문이죠. 줄기세포가 연구에 활용되어도 괜찮을까 계속 우려하는 것 역시도 마찬가지예요. 그러면 우리는 후퇴할지도 몰라요. 이런 시각으로 계속 나가면, 교회는 시대착오적이라고 말할 수 있어요. 교회는 현대 사회의 이데올로기 레퍼토리나 자기 해석에 어울리지 않는 시대착오적인 문젯거리일 따름이라고요. 제가 초입에 던졌던 질문에 우선은 이런 식으로 접근할 수 있을 거예요. 솔직히 말해, 때로는 걱정스럽게도 고위 성직자들조차 이와 비슷한 시각을 공유하고 있지 않나 하는 생각이 들어요.

저는 교회에 속한 사람들, 심지어 교계에서 중책을 맡은 사람들과 이야기하다가 충격을 받곤 해요. 그들이 이렇게 말하는 거예요. "그래요. 이젠 아무도 더 이상 우리 말을 들으려 하지 않아요, 현재의 위기 속에서 우리가 뭐라 할 말이 없지 않나, 그런 느낌이에요." 그러면 당돌하게 이렇게 되물을 수 있어요. "코로나 논쟁에선 어땠지요? 물론 논쟁은 아직도 진행되고 있지만요. 백신 접종 의무는 맞는 건가요, 틀린 건가요? 코로나 때문에 학교를 휴업하는 건 맞아요, 틀려요?" 이 부분에서 교회가 강력한 목소리를 낼 수 있을까요? 무슨 역할을 할 수 있을까요? 평소 사회가 할 말이 없거나 말할 엄두를 못 내는 것들을 말할 수 있는 종교적 권위가 있나요?

또 하나의 위기 지표가 있습니다. 어느 신학대학 행사에 참여했을 때 교계 관계자가 이렇게 말했어요. 누가 자신의 직업을 물어보면, 30~40년 전만 해도 아주 자랑스럽게 교계에서 일하고 있다고 했을 텐데 요즘에는 곧장 그렇게 말하기가 부끄러워 쭈뼛거리게 된다는 거예요. 아니면 정확히 말하지 않고 그냥 복지 기관에서 일한다는 식으로 돌려서 말한다고요. 그의 이야기를 들으며 저는 매우 흥미롭다고 생각했어요. 이미 거기까지 갔다는 것은 교회에 문제가 있음을 보여주죠. 심지어 상당히 커다란 문제가요.

그리고 이제 저는 여러분을 납득시키고자 합니다. 종교인이 아니라, 사회학자로서 말이에요. 그래요. 교회는 음… 이 사회에서 '엄청나게' 중요한 역할을 해야 합니다. 이렇게 말하는 이유는 교회가 사회에 제공할 것이 있다고 믿기 때문입니다. 특히 숨 가쁘게, 같은 자리에 머물려고만 해도 숨 가쁘게 빨리 달려야 하는, 그로 말미암아 상당히 높은 대가를 지불하는 사회에 말이에요. 이런 사회가 세상에서 어떻게 존재하고, 다른 존재와 어떤 관계를 맺어야 할지, 사회적 대안을 간절히 찾고 있다는 사실을 알고 있기 때문이죠. 이런 사회는 어디에서 생명, 나아가 우주, 자연과 다른 방식으로 관계를 형성할 수 있을까요? 어디에서 지금의 사회를 바꿀 대안을 찾을 수 있을까요?

저는 이 강연에서 우리 사회는 심각한 위기에 처해 있으며, 이런 위기에서 벗어나기 위해서는 종교에 속한 것들, 전통, 전례, 사상, 확신, 리추얼(의례)이 필요하다고 말하고 싶습니다. 저는 이 사회에 듣는 마음이 너무나 부족하다는 기본적인 생각을 말씀드리고자 합니다. 정치적인 관점과 모든 다른 관점에서도 그러하다는 것을요. 그렇기에 우리에게는 듣는 마음을 갖는다는 것이 대체 무슨 뜻인지 분명히 보여주는 생각, 의례 같은 것이 더 많이 필요합니다. 듣는 마음을 갖는다는 건 어떤 일일까요? 우리는 종교에서 그 대답을 찾을 수 있습니다.

성장에 과잉 의존하는 사회

이를 위해 우선 사회를 진단해보아야 합니다. 그래요. 저는 그동안 강연에서 종종 이런 진단을 해왔습니다. 이제 다시 한번 지금의 사회가 어떤 형편에 놓여 있는지 핵심을 짚어보고자 합니다.

어떤 사람들은 정관사(영어의 the, 독일어의 die)를 붙여 일컬을 수 있는 단일한 사회는 없다고 말합니다. 그저 정치적 사건, 과정, 제도가 있으며, 경제, 종교, 법, 운동과 관련해서도 사건, 과정, 제도가 병존한다고 말하지요. 그러나 저는 사회를 집단적 의미를 갖는 단수로 표현할 수 있다고 생각합니다. 사회의 전체성, 총체성 같은 것이 있다고 생각해요. 사회 안에서 여러 가지 제도와 사람들이 상호작용하고, 서로서로 영향을 미칩니다. 저는 사회의 기본 형태를 역동적 안정화라고 이야기해요. 현대 사회의 특징을 그렇게 정의하지요. 역동적으로 안정화될 수 있을 때만 사회는 현대적입니다. 역동적으로 안정화된다는 것은 사회가 재생산을 하고, 제도적으로 현상을 유지하기 위해, 시스템적, 구조적으로 지속적인 성장에 의존하고 있다는 뜻입니다.

우리 사회의 가속화가 역사적으로 특수한 현상이라는 말이 아닙니다. 제가 사회가 가속된다고 이야기하면 번번

역동적으로 안정화될 수 있을 때만

사회는 현대적입니다. 역동적으로

안정화된다는 것은 사회가 재생산을 하고,

제도적으로 현상을 유지하기 위해,

시스템적, 구조적으로 지속적인 성장에

의존하고 있다는 뜻입니다.

이 역사학자들이 화를 내며 반론을 제기해요. 초기 사회들 역시 가속화했다고 지적하죠. 엄청나게 가속되었던 시대들이 있고, 다른 맥락에서도 성장을 관찰할 수 있다고요. 물론 그래요. 인구 성장과 문명 발달이 있었어요. 늘 가속 곡선 같은 것을 볼 수 있지요. 즉 현대 사회는 단지 장기적인 역사적 시간 지평 안에 있을 뿐이라고 말할 수 있습니다.

하지만 제 정의에서 특별한 점은 인구나 경제적 생산 면에서 사회가 성장하고 있다거나, 여러 면에서 사회가 가속되고 있다는 것이 아니에요. 제 정의의 특별한 점은 바로 이 사회가 현상 유지를 위해 가속되어야 한다는 것입니다. 이를 막스 베버의 말을 빌려 쉽게 이해할 수 있습니다. 막스 베버는 현대 이전의, 우리가 아는 대부분의 사회는 필요를 충당하는 사회였다고 말합니다. 그들은 생존하기 위해 무엇이 필요한지 정확한 감이 있었어요. 겨울을 넘기려면 이 정도의 빵이 필요하고, 이 정도의 곡식이 필요해. 땔

감은 이만큼이 필요하고, 좋은 집과 몇 벌의 옷, 바지 두 벌쯤이 필요하지. 그리고 나는 내가 필요한 걸 가지고 있어. 그리고 계속해서 그걸 만들어내. 이렇게 되는 것이죠. 그래서 바지에 구멍이 나면 수선하고, 더 이상 기우거나 수선할 수 없으면 똑같은 바지를 만들어요. 집, 음식, 의복뿐 아니라, 이제 역사적 문화적 배경에 따라 종교 예식, 리추얼, 성전, 또는 성직자들을 위해 필요한 것들도 마찬가지예요. 즉 필요에 대한 감이 있지요. 물론 그 감은 역사적으로 변합니다. 왜 변할까요? 부분적으로는 환경 조건에 따라 변해요. 어떤 때는 문 앞에 적이 있고, 어떤 때는 기후가 변화하고, 어떤 때는 내게 필요한 원료가 빠듯하지요. 이 모든 것은 혁신을 이끌어내요. 게다가 사람들은 호기심으로 새로운 것을 시험해보려 하지요. 그러다 갑자기 흥미로운 것을 발견해요. 그리고 발견한 것이 좋으면 종종 문화적 혁신으로 작용하지요. 늘 그렇지는 않아도요.

따라서 역사적으로 사회를 주욱 훑어보면, 물론 사회는 정적이지 않고, 늘 혁신과 변화를 동반해왔어요. 혁신과 변화는 많은 경우 가속과 성장과 맞물리지요. 이언 모리스와 다른 학자들이 에너지 균형이 중요하다고 말할 때, 저는 그들이 옳다고 생각해요. 그래요. 사람은 에너지를 얻기 위해 에너지를 필요로 합니다. 음식은 에너지의 가장 중요한 형태지요. 난방도 물론입니다. 어쨌든 우리가 사는 지역에서는 그렇지요. 그러면 질문은 이러할 거예요. 겨울을 나기에 필요한 에너지를 어떻게 얻을까? 또는 단순히 살아남기 위해 충분한 에너지를 어디서 얻을까? 역사학자들은 인간은 – 또는 생물은 – 수만 년간 목표를 이루기 위해, 즉 생존하기 위해, 보통은 정확히 딱 필요한 만큼 에너지를 투입했다고 말해요. 그러다 보니 누군가 호기심이 있거나 해서, 사람들이 무언가를 발견하고, 적은 노력으로 동일한 수준의 에너지를 얻을 수 있게 되면 파장이 크지요. 따라서 우리가 먹거리를 끓이거나 구우면 – 또는 그보다 한발 앞서

불을 고안하면 – 우리는 훨씬 더 적은 에너지를 들여 신진 대사를 위해 동일한 양의 에너지를 얻을 수 있습니다. 인간들이 그것을 알아차리면 물론 그렇게 새로이 발견한 방법으로 에너지를 얻지요. 이런 방식으로 역사가 이어져 오면서 동일한 양의 에너지를 들여 더 많은 에너지를 얻는 일이 어떻게 가능해졌는지를 상당히 잘 설명할 수 있습니다. 모리스는 '에너지 획득'을 이야기하지요. 물론 더 적은 노력을 들여 정확히 내게 필요한 에너지를 얻는 것은 혁신 원칙으로 기능합니다.

따라서 저는 이전의 사회들이 정적이었다고 주장하는 것이 아닙니다. 하지만 이 사회, 즉 우리 사회는 기존의 상태를 유지하기 위해 점점 더 많은 에너지를 들여야 한다는 문제를 안고 있어요. 이것은 – 막스 베버도 말했듯이 – 구조상, 시스템상 비합리적인 일이라고 해야겠지요. 이 문제는 경제에서 가장 여실히 드러나요. 기업이든, 연방 정부든, 도시든, 국가든, EU든, 그 외 무엇이든 간에 계속해서

우리 사회는 기존의 상태를 유지하기 위해

점점 더 많은 에너지를 들여야 한다는

문제를 안고 있어요.

이것은 – 막스 베버도 말했듯이 – 구조상,

시스템상 비합리적인 일이라고 해야겠지요.

이 문제는 경제에서 가장 여실히 드러나요.

성장해야 해요. 경제성장을 달성하고, 생산성을 높이고, 생산 과정을 끊임없이 혁신해야 하죠. 우리는 이제 그런 상황에 놓여 있어요. 새로운 신호등 연정*의 세 정당 모두 성장에 대해서 한목소리를 내요. "우리에겐 성장이 필요해요!", "성장 동력을 가동시킵시다.", "위기를 딛고 성장해야 합니다." 올라프 숄츠 총리는 그렇게 말하죠. 크리스티안 린드너 역시 성장을 엄청 중요시하는 사람이고, 최근에는 녹색당도 예외가 아닙니다. 저는 여러분에게 단도직입적으로 묻고 싶어요. 여러분은 대체 정확히 어느 부분에서 성장하려고 하는 거죠? 우리는 더 많은 자동차를 구입해야 할까요? 그래요. 메르세데스, BMW, 폭스바겐은 더 많은 자동

---

* 2021년 12월 8일 올라프 숄츠가 제9대 독일 총리로 취임하면서 공식 출범된 연립정부를 이르는 명칭이다. 해당 연정에는 사회민주당, 자유민주당, 녹색당, 이 세 개 정당이 참여했는데, 참여 정당의 상징색이 빨간색, 노란색, 초록색이라서 신호등 연정이라 부른다.

차를 판매하는 것으로 유지돼요. 그런 회사들은 차량을 더 많이 판매하면 "아, 올해는 좋은 해였다."라고 말해요. 더 많은 PS(미터법 기반의 마력), 더 많은 톤수의 대형 차량을 더 많이 팔거나 하면요. 가치를 만들어내야 하는데, 가치는 주로 더 많은 자동차와 더 많은 화물차를 통해 생겨나죠. 거기서 우리는 탄소 중립과 경제성장을 동시에 이룰 수 있다는 녹색 경제의 환상에 오랫동안 빠져 있어요. 자동차 산업은 여전히 독일의 핵심 성장 부문 중 하나예요.

로베르트 하베크(현재 독일의 부총리 겸 기후경제부 장관)는 이렇게 말할지도 몰라요. "아뇨, 저는 자동차 산업에서 성장하고 싶지 않습니다." 그럼 항공기 산업에서 성장해야 할까요? 그 분야에서도 우리는 성장하고 있어요. 심지어 가장 강력한 성장세를 보이고 있지요. 항공기 성장 곡선은 거의 수직으로 상승했어요. 어쨌든 코로나 이전에는 말이에요. 하지만 현재 기후 위기가 이렇게 심한데도? 하지만 성장하지 않는 것은 어리석은 생각으로 여겨져요.

오케이, 자동차나 항공 분야가 아니라면, 주택 건설 분야에서 성장할까요? 현재 건설 산업은 호황을 누리고 있어요. 건설 인플레이션이라 말할 지경이죠. 하지만 곳곳에서 택지를 개발해 주거지로 바꾸고 있는 걸 봐요. 이건 정말 큰 문제예요. 점점 많은 땅에 사람이 살고, 그로써 자연적으로 노출된 땅이 자꾸 줄어들고 있습니다. 장기적으로 볼 때 주택 건설에서 성장하는 것도 좋은 생각은 아니에요.

그럼 어디 다른 분야에서 성장해볼까요. 컴퓨터와 스마트폰에서? 어쨌든 컴퓨터와 스마트폰은 교환 주기가 점점 짧아지니까? 우리는 2년마다 수십억 개의 기기를 폐기하고 있어요. 희토류, 콜탄, 리튬, 다른 자원을 감안하면 아주 안 좋은 일이지요. 따라서 생각이 좀 있는 사람이라면 이렇게 말할 거예요. "안 돼요. 우리는 이 부문에서 성장해서는 안 됩니다."

그러면 식품 산업이 다음 제안이 될 것입니다. 음식 쓰

레기들은 대부분 환경에 많이 해롭지는 않으니까요. 문제
는 식품 산업이 성장할지라도 그 음식을 구입할 수 있는
사람들은 이미 과체중이라는 사실이에요! 그렇습니다! 더
많은 먹거리를 만들어낼 수 있는 사회는 비만으로 고통받
게 됩니다. 일반적으로 그렇다고 할 수 있습니다. 이제는
식품 산업이 어떤 일을 하는지 아세요? 식품 산업은 식품
에 특정 엔자임 효소나 첨가물을 사용해 성장을 담보하고
있어요. 이런 첨가물이 위와 뇌 사이에서 포만감 신호를 꺼
버려서 우리는 이미 배부른데도 더 많이 먹을 수 있지요.

결국 문제는 우리가 모든 부문에서 그냥 계속 성장해야
한다는 것이에요. 그러지 않으면 일자리를 유지할 수 없기
때문이죠. 성장이 실질적으로는 더 이상 의미가 없는데도
말이에요. 어떤 분야든 마찬가지입니다. 의류 산업은 어떤
가요? 아직 더 입을 수 있는 괜찮은 옷들을 우리는 죄다 버
립니다. 이런 행동만으로도 옛날 사람들은 우리를 정신병
자로 여겼을 거예요. 단지 유행이 지났다고 옷들을 폐기하

문제는 우리가 모든 부문에서 그냥 계속
성장해야 한다는 것이에요.
그러지 않으면 일자리를 유지할 수 없기
때문이죠. 성장이 실질적으로는
더 이상 의미가 없는데도 말이에요.

니까요. 따라서 여기서도 성장하고 싶지는 않군요.

제약 산업도 계속 성장하고 있어요. 팬데믹 기간 중에 보듯이 백신과 관련해서 성장은 좋은 일이죠. 따라서 저는 사회가 결코 성장해서는 안 된다고 주장하는 것이 아니에요. 사회가 그저 현상 유지를 위해 계속 성장해야 하는 건 좀 문제가 있다고 말할 뿐이죠. 늘 추상적으로 성장을 이야기하는 것은 정말로 불합리하다고 생각합니다. 구체적으로 정확히 어디에서 성장해야 하는지 이야기해야 하는 상황에서는 대부분 좋은 대답을 하지 못해요. 친환경 기술(녹색 기술)에서 성장해야 한다고 말할지도 모르지요. 하지만 이런 대답은 본질적인 답변을 회피하는 것일 뿐, 녹색 기술만으로는 결코 필요한 성장률을 달성할 수 없어요.

더 불합리한 사실은 우리가 욕심이 많아서 이렇게 성장하고자 하는 것이 아니라는 거예요. 성장이 필요한 이유는 성장 없이는 전반적인 사회 구조를 더 이상 지탱할 수 없기 때문이에요. 우리가 더 이상 성장하지 않기로 결정하면, 하룻밤 사이에 실업자가 엄청 늘고, 문을 닫는 회사가 속출할 거예요. 국가의 세수도 감소하겠지요. 동시에 지출은 늘어나고요. 성장 동력을 다시 회복해야 하고, 무엇보다 실직한 사람들을 지원해야 하니까요. 그러면 더 이상 연금을 제대로 주지 못하고, 의료 시스템을 유지하지 못하게 돼요. 전반적인 복지가 허술해지고, 문화 부문에 들어가는 예산도 더 이상 충당하지 못하지요.

따라서 사회 전체 시스템이 굴러가려면 매년 성장해야 해요. 성장이 이루어지지 않는 곳에서는 속도가 더 빨라져야 하고요. 일본을 봐요. 일본은 수년을 거의 성장하지 않고 있지만, 그러다 보니 속도와 효율성의 압력이 더더욱 커지고 있어요. 그럴 수밖에 없죠. 모두가 더 많은 자동차를 생산할 때는 어떤 기업이 업계 1위인지 2위인지는 그리 많이 중요하지 않아요. 파이가 점점 더 커지기 때문이죠. 하지만 전체 파이가 더 커지지 않는 상황이라면, 시장에서 가장 저렴해야 하고, 가장 빨라야 하죠. 그래서 속도와 효율성의 압력이 더 커집니다.

가속-발열-소진되는 악순환

우리는 매년 더 가속되어야 하는 시스템 속에서 살고 있어요. 속도를 높여야 하고, 혁신적이어야 해요. 가장 먼저 신제품을 출시하고, 가장 먼저 더 나은 생산방식을 적용해야 해요. 현상 유지를 위해 더 많이 생산해야 합니다. 이것은 바람, 태양, 석탄, 원자력 또는 어떤 것에서 끌어내든, 매년 물리적 에너지를 더 많이 투자해야 한다는 의미이기도 해요. 성장하기 위해, 현상을 유지하기 위해 이전보다 많은 에너지를 필요로 하죠.

이 점에서 우리는 이 사회의 부조리함을 다시 한번 분명히 알 수 있어요. 단지 현상 유지만을 위해 매년 더 많은 에너지가 필요하게끔 만들어진 생명 형태는 이전에 없었

우리는 매년 더 가속되어야 하는

시스템 속에서 살고 있어요.

속도를 높여야 하고, 혁신적이어야 해요.

가장 먼저 신제품을 출시하고,

가장 먼저 더 나은 생산방식을 적용해야 해요.

현상 유지를 위해 더 많이 생산해야 합니다.

을 거예요. 이언 모리스가 했던 에너지 이야기를 기억해봐요. 저는 앞서 역사적으로 보면 변화는 늘 있었다고 말했어요. 같은 에너지를 가지고 더 많이 생산할 수 있을 때, 혹은 더 적은 에너지로 같은 수준의 생산을 할 수 있었을 때 말이지요. 하지만 시스템적으로 현상 유지를 위해 늘 에너지를 더 많이 투자하고, 전환하고, 획득해야 한다고 이야기하는 사회는 정상이 아니에요. 투입해야 하는 것은 물리적 에너지뿐 아니라 정치적 에너지이기도 하지요. 정치인들은 계속해서 우리를 부추기고, 요구하고, 등을 떠밀어요. 노인들은 다시 동원되어야 하고, 젊은이들은 더 일찍 사회로 밀려나고요. 더 이상 12학기나 10학기 만에 느긋하게 졸업할 수 없어요. 6학기 만에 학사가 되어야 하지요. 이 같은 일을 모든 영역에서 볼 수 있어요. 결코 정치인을 비난하려는 것이 아니에요. 제가 정치인이었다 해도 그렇게 했을 거예요.

따라서 정치적 에너지와 물리적 에너지에다 심리적 에

너지까지 투자해야 해요. 가속하고 혁신하고 성장하는 것은 시스템이나 기계가 아니라 우리가 해야 하는 일이니까요! 그래요. 우리 인간들은 내년에는 올해보다 더 빨리 달려야 해요. 이와 관련해 저는 이런 논리의 사회가 세상과 공격적 관계를 만들어낸다고 말하고 싶어요. 우리 모두가 몸으로 이걸 느끼고 있다고 생각해요. 바로 지금 팬데믹 시대에도요. 세상과 우리의 관계는 공격적이에요. 왜 그럴까요? 바로 해야 할 일들이 넘쳐나기 때문이죠. 우리는 매년 좀 더 많이 생산해야 해요. 그래서 크든 작든, 우리는 세상과 공격적인 관계에 있어요. 크게는 물론 생태 위기에서 공격적인 관계를 볼 수 있죠. 기업들은 점점 더 무분별하게 행동해요. 점점 더 깊이 파고들어 석유를 시추하고, 희토류와 콜탄, 그 밖에 지구에서 얻어낼 수 있는 모든 걸 채굴해요. 그렇게 지구를 오염시키죠. 이것은 체계적으로 환경과의 공격적인 관계를 만들어내요. 정치에서도 공격성이 점점 커지는 걸 봐요. 당신이 불안정한 고용상태에서 힘들게 살아가는데 계속해서 들리는 말이 "우리는 성장해야 해. 우리는 나아져야 해."라는 소리뿐이라면, 그리고 이 모든 것이 개인에게 압박으로 작용하면, 계속해서 다른 의견을 가지고, 뭔가 다른 것을 원하고, 다르게 사랑하고 다르게 믿는 사람, 아무튼 무엇을 다르게 하는 사람은 걸림돌이 될 뿐이에요. 그런 사람은 입 닥쳐야 하지요.

저의 동료인 런던 정치경제대학교의 마이클 브루터가 흥미로운 연구를 진행했어요. 이 연구는 민주주의에서 정치 문화가 변하고 있는 상황을 우려하고 있어요. 정치적으로 다르게 생각하는 사람은 더 이상 논쟁해야 하는 대화 상대가 아니라, 입을 틀어막아야 할 역겨운 적으로 보이지요. 미국에서 이런 모습을 익히 볼 수 있어요. 공화당원들과 민주당원들이 서로 반목할 때 말이에요. 공화당원들은 힐러리 클린턴에 대해 "힐러리를 가두라!"라고 소리를 높였죠. 영국에서는 '브렉시트 지지자'와 '리메이너 remainer(영국이 유럽연합이 남아야 한다고 생각하는 사람들)'들

사이에서 이런 모습을 볼 수 있었어요. 한쪽은 브렉시트를 맹렬히 지지했고 다른 쪽은 결단코 반대했죠. 독일의 경우 현재 백신 찬성론자들과 백신 반대론자들 사이의 갈등이 그러해요. 우리는 어떻게 살고자 하는지, 어떻게 각각의 삶의 방식을 만들어나갈 것인지 더 이상 토론하지 않아요. 다르게 생각하는 사람들은 닥치고 입을 다물어야 하죠. 우리는 다르게 생각한다면 적으로 간주하고, 입을 틀어막고자 해요! 양측 모두가 그러하죠. 우리는 의견이 다른 사람들을 파시스트나 국가의 반역자쯤으로 선언해버려요. 성장 강박은 만족될 수 없기에 결코 끝나지 않으며, 성장 강박으로 말미암은 세계와의 공격적인 관계는 정치로도 옮겨지고, 개인적인 삶으로도 옮겨지지요.

저는 성장 강박이 번아웃, 번아웃 위기에도 반영된다고 생각해요. 번아웃은 그사이 정말 만연했고, 그간의 통계에 따르면 코로나 위기에 더 심해졌어요. 모든 언론은 계속해

—

우리는 어떻게 살고자 하는지,

어떻게 각각의 삶의 방식을 만들어나갈 것인지

더 이상 토론하지 않아요.

다르게 생각하는 사람들은 닥치고

입을 다물어야 하죠.

서 번아웃과 번아웃에 시달리는 사람들에 대해 보도합니다. 여기서 미디어를 들먹이는 이유는 미디어가 심리 질환의 임상적 정도를 입증하는 증거이기 때문이 아니라, 불안의 사회적 의미를 보여주는 지표이기 때문이에요. 커다란 홀에서 강연을 할 때면 저는 질문을 던져요. 이 질문은 여기서도 아주 흥미로울 것 같네요. 여러분 중에서 지난 한 해를 보내며 때로 이렇게 혼잣말을 하거나 최소한 생각이라도 한 사람이 있나요? "아, 내년에는 속도를 좀 늦춰서 살아야 해.", "뭔가를 좀 덜어내야 해. 그러지 않으면 나도 번아웃에 걸릴 거야.", 혹은 "내가 번아웃 위험이 있지 않을까?"라고요. 이런 질문을 던지면 보통은 거의 모두가 손을 들어요. 대학생들도 그렇고, 직장인들도 그렇고, 심지어 은퇴한 연금 생활자분들도 마찬가지예요. '이런 식으로는 더이상 오래 못 간다'라는 느낌은 문화적으로 지배적인 감정이 되었습니다. 번아웃으로 느끼고, 병가를 낸다고 그 사람들이 모두 정말 번아웃 진단을 받는 건 아니에요. 그런 수를 곧이곧대로 받아들일 수는 없겠지요. 하지만 저는 이런 논의 자체가 이미 위기라는 걸 분명히 해준다고 생각합니다. 정확히 말해 우리는 두 군데에서 에너지 문제를 가지고 있어요. 대기를 과열시키고, 열을 만들어내고, 에너지를 더 많이 투입해요. 현상 유지를 위해 점점 더 많은 에너지를 소비해요. 기후와 관련해 에너지 문제를 만들고, 정신적으로도 에너지 문제를 만들어요. 기후와 정신이 불타고burn 있는 것이지요.

근대의 약속은 붕괴되었다

이 자리에서 저는 또 한 가지 보충하고자 합니다. 제가 말하는 질주하는 정지라는 개념이 무엇인가 하는 것인데요. 지금 문화적으로 상황이 이렇게 첨예화된 이유는 – 서두에서도 이미 언급했지만, – 우리가 전진의 의미를 잃어버렸기 때문이라고 생각합니다. 저는 근대의 성장 프로그

우리는 두 군데에서

에너지 문제를 가지고 있어요.

기후 관련해서 에너지 문제를 만들고,

정신적으로도 에너지 문제를 만들어요.

기후와 정신이 불타고 있는 것이지요.

램이 오랜 세월 동안 굉장히 매력적이었음을 부정하지 않습니다. 사실 성장은 감사한 것이에요. 어마어마한 경제적 번영을 가져다주었으니까요. 현상 유지라도 하려면 성장할 수밖에 없는 논리가 과학적 발견들도 가능케 했어요. 그래서 저는 좌파 측에서 저를 비판하는 사람들에게 급속한 성장이 근대의 성장 논리에 기반했음을 간과한다면, 그 비판에는 이가 빠져 있다고 말해요. 시장과 자본주의가 오늘 우리가 가진 모든 가능성과 자원을 만들어내는 본질적인 동력이었다고 생각하기 때문이죠. 문화적인, 거의 종교에 가까운 표상, 약속들이 이와 연결되어 있었어요. 마르크스가 말했듯, 생산력 증대를 통해 원칙적으로 삶의 평준화가 가능해졌죠. 마르크스는 이 점에서 옳았어요. 허버트 마르쿠제는 나중에 이런 생각을 받아들였죠. 전체의 비판 이론이 그래요. 약속에 따르면 우리는 이를 통해 자연을 다루고, 결핍을 극복하는 데 성공해, 더 이상 매일 매일 생존하기 위해 투쟁할 필요가 없어진다고 합니다. 더 이상 이 세상에서 설 자리가 없을까봐 두려워하지 않아도 된다고요. 불필요하고 쓸데없는 존재가 되는 걸 걱정하지 않아도 된다고 합니다. 더 이상 경제적 생존을 위해 싸울 필요 없이 궁핍을 극복할 수 있을 거랍니다. 이것은 분명히 커다란 약속이었습니다! 학문적 진보를 통해 무지도 사라질 거라고 했지요. "우리는 어떻게 하면 올바로 사는지를 알게 될 것이다."라고요. 여기서 '올바르게 사는 것'은 '올바르게 출산하는 것', '올바르게 사랑하는 것' 혹은 '올바르게 자는 것', '올바르게 먹는 것' 등을 의미합니다. 이를 넘어 다음과 같은 약속도 있었습니다. "(기술의) 가속을 통해 우리는 시간 부족을 극복하게 될 것이다. 시간이 남아돌게 될 것이다!"

그러는 동안 이런 약속들 중 그 어느 것조차 실현될 수 없음이 분명해졌어요. 정확히 말해, 아무도 – 우리의 신호등 연정의 성장 신봉자들조차도 – 더 이상 상황이 더 나아질 거라고 믿지 않습니다. 기후 위기 시대에 글로벌 경쟁은 더욱 격화되고 신흥국들의 추격으로 인해 우리에게 닥친

기후 위기 시대에 글로벌 경쟁은

더욱 심화될 것이고, 신흥국들의 추격으로 인해

우리에게 닥친 문제는 더 첨예화될 것입니다.

경쟁이 더 심해지고, 자원이 더 부족해질 것에

대비해야 합니다.

문제는 더 첨예화될 것입니다. 경쟁이 더 심해지고, 자원이 더 부족해질 상황에 대비해야 합니다. 오래전부터, 특히 경제계에서 그런 이야기가 들리고 있습니다. 이 모든 전개를 통해 불확실성이 증가한다는 사실이 흥미롭죠. 가령 무엇을 먹고 무엇을 먹지 말아야 하는가에 대한 불확실성이 이렇게 컸던 적은 없었어요. 또는 무엇을 먹고 무엇을 먹으면 안 되는지가 이렇게 사람들을 혼란스럽게 했던 적은 없었습니다. 정말로 불합리하게도 우리는 오늘날 음식과 신체의 연관성에 대해 엄청 많이 아는데, 정작 무엇을 먹어야 할지는 몰라요. 가령 저는 지방을 많이 먹으면 적정 체중을 유지하는 데 좋지 않다고 생각해왔어요. 그런데 최근에는 지방을 많이 섭취하는 것이 좋다는 내용을 읽었습니다. 체중 감량에도 지방이 좋다고 하더군요. 심지어 설탕이 당뇨병을 유발하지 않는다는 말까지 있어요! 어떤 주제를 취하든 상관없이, 사람들은 더 이상 자신들이 무엇을 먹어야 할지 알지 못해요. 여러분은 그런 상황을 잘 알 거예요. 특히나 아이들과 관련해서요. 어떤 이는 "그래서 난 이건 못 먹어."라고 말하고, 또 어떤 이는 "난 저걸 먹으면 안 돼."라고 해요. 또 다른 사람들은 "이것과 저것을 같이 먹으면 안 돼."라거나 "아침 식사는 꼭 해야 해."라거나, "아침 식사는 걸러야 해."라거나 "나는 12시간 동안 아예 아무것도 먹으면 안 돼."라고 하지요. 한마디로 우린 무엇을 먹어야 할지 알지 못합니다!

또 다른 예에서도 비슷한 상황을 볼 수 있습니다. 남자로서 좀 주제넘은 말일지 모르지만, 저는 임신과 관련해 흥미롭게 생각하는 것이 있습니다. 출산에 대해 객관적으로 더 많이 알수록 출산에 대한 두려움이 증가한다는 거죠. 아울러 무력감도 들지요. 초음파 같은 기계들이 내가 무엇을 해야 하는지, 나와 아이의 상태는 어떤지 말해주니까요. 나 자신의 느낌은 더 이상 역할을 하지 못합니다. 오늘날 우리는 개인적으로 아이의 출산에 대해서도 예전 몇백 년간, 몇

천 년간 알았던 것보다 더 모릅니다.

　이런 무지는 모든 영역에서 증가하고 있어요. 그 결과로
인간은 스스로에게 불만족하게 됩니다. 흥미로운 연구 하
나는 통일 전에 – 부분적으로는 오늘날까지 – 동독 사람들
이 서독 사람들보다 더 행복감이 높았다고 말해줍니다. 자
신이 지금 이 상태로 충분하지 않다고 느끼고, 스스로에게
만족하지 못하며, 완전히 다른 사람이 되어야 할 것 같은
느낌이 계속해서 증가하고 있어요. 끊임없는 성장을 통해
좋은 삶으로, 세계와의 성공적인 관계로 나아가고 있다는
느낌은 더 이상 없습니다. 우리는 이제 발전하고 성장해도
약속이 이루어지지 않는다는 걸 깨달았어요. 그럼에도 신
호등 연정은 계속해서 집요하게 성장하고자 합니다. 야당
도 딱히 다른 대안을 내어놓지 못하고요.

　근대, 다시 말해 성장을 약속하던 근대적 사회 시스템은
성공적이었고 희망으로 가득했어요. 사람들은 더 나은 앞

—

자신이 지금 이 상태로 충분하지 않다고 느끼고,

스스로에게 만족하지 못하며, 완전히 다른 사람이

되어야 할 것 같은 느낌이 계속해서 증가하고 있어요.

끊임없는 성장을 통해 좋은 삶으로,

세계와의 성공적인 관계로 나아가고 있다는

느낌은 더 이상 없습니다.

날을 위해 일한다고 생각했죠. 당시 사람들이 미래를 어떻게 전망했는지는 모든 서구 사회, 혹은 초기 산업화 사회의 자료를 보면 알 수 있어요. 앞서 언급한 두 사회의 부모들은 ─ 부르주아 계층만이 아니라, 노동계층, 중류층, 하류층에 이르기까지 ─ 자신들이 열심히 일하고 노력하고 희생하면 자녀들이 나중에 더 나은 삶을 살 거라고 생각했어요. 그것은 정말 강한 확신이자 의욕을 불러일으키는 힘이었고, 세대를 초월한 공명 혹은 연대감을 만들어냈지요. 우리가 열심히 일하고, 많은 것을 희생하면 아이들은 좀 더 자유롭게 살 수 있겠지, 언젠가 더 나은 삶을 살 수 있을 거야, 이런 기대를 가졌어요. 반면 이제는 부모와 자녀 모두가 다음과 같이 말하는 것을 볼 수 있습니다. 특히 실리콘밸리에서 이런 모습이 두드러지는데요. 이제 우리는 이렇게 말해요. "우리 다음 세대의 삶이 우리보다 많이 힘들어지지 않게끔 최선을 다해야 해." 자살률과 우울증 유병률은 실리콘밸리에서 특히나 높습니다. 그곳의 아이들은 "우리는 이런 수준을 결코 유지할 수 없다."라고 확신합니다. 그동안 일본에서 미국에 이르기까지, 전 유럽, 그리고 호주에서 시행된 경험적 연구 결과, 실제로 많은 부모들이 아이들의 삶이 우리보다 더 나빠지지 않게끔 우리가 최선을 다해야 한다고 생각하는 것으로 나타났어요. 중요한 것은 우리는 더이상 전도유망한 미래로 나아간다는 느낌이 아니라, 뒤에서 우리를 따라잡는 심연으로부터 도망치고 있다는 느낌을 받는다는 거죠. 제가 질주하는 정지라는 개념으로 이야기하고자 하는 것이 바로 이것입니다. 뒤에서 ─무엇보다 기후 위기를 통해─ 점점 빠르게, 점점 가까이 다가오는 심연에 빠지지 않기 위해서 매년 더 빠르게 달려야 하는 거예요.

듣는 마음을 주십시오

이제 제가 이런 상황에 맞서 무엇을 제안하고 싶은지,

왜 교회가 필요하다고 생각하는지 본격적으로 이야기해봅시다. 민주주의는 공격 모드에서는 작동하지 않습니다. 저는 아주 기본적으로 그렇게 말할 수 있다고 생각합니다. 그리하여 솔로몬 왕의 "듣는 마음을 주십시오."라는 말을 정치적인 면에도 적용할 수 있어요. 저는 늘 민주주의는 각자가 목소리를 낼 수 있을 때만 작동한다고 말했습니다. 그러나 최근에는 점점 더 그런 목소리를 들을 수 있는 귀도 필요하다는 확신에 이르고 있습니다. 스스로 목소리를 가지고, 그 목소리를 내는 것으로는 충분하지 않습니다. 다른 목소리를 듣는 귀도 필요합니다. 더 나아가 듣는 귀와 더불어 다른 사람들의 말을 듣고, 그들에게 대답하고자 하는, 듣는 마음이 필요합니다. 상대방은 국가의 반역자거나 바보 등등이어서 입을 다물고 있어야 한다고 생각하나요? 오늘날 사람들은 서로를 바보 멍청이로 여겨요. 민주주의를 중요시한다면 특히나 이건 심각한 문제입니다. 민주주의는 우리 사회의 중심적인 신조예요. 하지만 민주주의는 목

오늘날 사람들은 서로를 바보 멍청이로 여겨요.

민주주의를 중요시한다면

특히나 이건 심각한 문제입니다.

민주주의는 우리 사회의 중심적인 신조예요.

하지만 민주주의는 목소리, 귀,

듣는 가슴을 필요로 해요.

소리, 귀, 듣는 가슴을 필요로 해요. 저는 이 이야기를 하기 위해 종종 난민을 예로 듭니다. 어떤 사람은 우리는 난민을 너무 많이 들여보냈으며, 국경을 개방한 사람들은 국가의 반역자라고 해요. 어떤 사람은 피난민들이 국경에서 익사하고 얼어 죽게 내버려두었으니 우리는 범죄자들이라고 말하지요. 양편 모두 자신들이 범죄자들과 싸운다고 생각해요.

저는 이 문제에서 무조건 막스 베버의 생각을 따라야 한다고 생각합니다. 막스 베버는 지적 정직성이란 우선 상대편에도 혹시 나와 관련이 있고, 내게 뭔가 말할 것이 있는지 일단 들어보는 것이라고 했습니다. 이것이 바로 민주주의에 대한 공화주의적 이해입니다. 바로 시민들이 서로에게 뭔가 할 말이 있는, 그런 사람들로서 만나야 한다는 것이지요. "내가 네게 뭔가 할 말이 있어.", 혹은 "그에게 내 의견을 말해줬어."가 아니라 "너도 내게 할 말이 있을 거야.", "난 네가 내게 닿을 수 있게 하고자 해."라고 하는 것

"내가 네게 뭔가 할 말이 있어.", 혹은

"그에게 내 의견을 말해줬어."가 아니라

"너도 내게 할 말이 있을 거야.",

"난 네가 내게 닿을 수 있게 하고자 해."라고

하는 것입니다. 민주주의에 대한

공화주의적 사고는 이런 상호 간의

소통을 통해 변화가 일어난다는 거예요.

입니다. 민주주의에 대한 공화주의적 사고는 이런 상호 간의 소통을 통해 변화가 일어난다는 거예요. 한나 아렌트의 말을 빌자면 이것은 우리에게 탄생성natality을 가능케 해줍니다. 즉 새롭게 시작하고, 새로운 것을 배출할 수 있게 해주는 것입니다.

그래서 저는 민주주의에는 듣는 마음이 필요하다고 말하고자 합니다. 듣는 마음이 없으면 민주주의는 돌아가지 않습니다. 그러나 듣는 마음은 하늘에서 저절로 뚝 떨어지지 않고, 공격적인 사회에서 서로의 이야기를 들으려는 태도를 갖는 건 특히나 힘이 듭니다. 저는 오늘 교회는 특별히 인지적 자원, 의례, 실천, 공간 등, 듣는 마음을 훈련하고 경험할 수 있는 자원을 가지고 있다는 명제를 대변하고자 합니다. 우리는 타인이 말을 걸어올 수 있는 사람이 되어야 합니다. 저는 사회학자로서 이미 오랫동안 이 말을 해왔어요. 지금도 서두에서 말했던 '내게 듣는 마음을 주소서'라는 슬로건 때문에만 이 말을 반복하는 것이 아닙니다. 우리는 말을 걸기 힘든 시대를 살아가고 있어요. 이것은 믿음의 위기, 민주주의의 위기에서도 동일하게 나타납니다. 브뤼노 라투르의 말을 빌리자면 멈추는 것Aufhoeren이 가장 중요하다고 할 수 있을 거예요. 아우프회렌Aufhoeren이라는 말은 제가 좋아하는 단어예요. 듣는 마음과 아주 잘 어울리는 단어이지요. 아우프회렌이라는 근사한 말은 한편으로는 멈춤, 중단을 의미합니다. 다른 한편으로는 이 아우프(auf:위) – 회렌(hoeren:듣다)이라는 말은 내가 할 일을 해결하느라 정신이 없는 가운데에서도, 햄스터 쳇바퀴를 돌면서도, 질주하는 정지 상태에서 기진맥진하면서도, 위쪽을 향해 듣고, 밖을 향해 귀를 기울이는 것입니다. 내가 해야 한다고 생각하는 내용, 예상하는 내용, 소위 기능적인 교환에 해당하는 내용과는 다른 말을 하는 사람들, 다른 말을 하는 목소리들이 내게 말을 걸 수 있고, 닿을 수 있는 상태지요.

사회, 즉 민주주의는 타인이 말을 걸어올 수 있는 사람

민주주의는 타인이 말을 걸어올 수 있는

사람이 되는 능력이 필요합니다.

저는 이런 능력을 공명의 개념으로

파악하고자 했어요. 공명은 능력일 뿐 아니라

세계와 다른 방식으로 관계를 맺는 것입니다.

이 되는 능력이 필요합니다. 저는 이런 능력을 공명의 개념으로 파악하고자 했어요. 공명은 능력일 뿐 아니라 세계와 다른 방식으로 관계를 맺는 것입니다. 저의 진단이 옳다면, 우리가 직면한 문제는 바로 우리가 늘 공격 모드라는 것이에요. 어떤 일을 끝내야 하고, 이걸 사야 하고, 저걸 가지려 하고, 그걸 경험하려 하기 때문입니다. 문제는 다르게는 안 될까? 하는 것이죠. 음악을 들을 때 우리는 이미 중요한 것은 통제와 성장이 아니라는 걸 확인해요. 음악을 들을 때는 그렇지 않아요. 음악을 만들 때라면 또 몰라도요. 음악을 만들 때는 어떻게 만들어야 할지 다툴 수도 있어요. 하지만 들을 때는 그냥 단순히 듣기만 해요. 하지만 음악을 듣다가도 얼른 문자를 보내야 할 것 같고, 신문에 무슨 기사가 났는지 힐긋거리고 싶은 유혹을 받고는 이미 음악을 듣는 걸 멈추어요. 하지만 갑자기, 갑자기 멈추어서 귀를 기울여요! 멈추어 귀를 기울일 때, 뭔가가 내게 와닿아요! 음악은 변화시키는 힘을 발휘할 때가 많아요. 때로는 심지어 신체적으로도 느껴져요. 따라서 음악이 사람을 감동시킬 때, 뭔가가 말을 걸어오고 사람이 그것에 반응할 때, 그때 몸의 상태가 변해요. 정말로 알아차릴 수 있어요. 같은 호흡을 하는 듯, 세계와 생생하게 연결되는 느낌이 나지요. 그리고 정확히 그 순간 무엇인가 내게 닿아요. 그래요. 그때 뭔가가 나를 불러요. 나는 아직 내게 말을 걸어오고, 나를 부르는 것에서 무엇이 나올지 알지 못해요. 공명의 순간은 그렇게 시작됩니다.

아주 다른 사람의 목소리를 듣는 일

제가 보기에 공명은 네 가지 결정적인 요소 혹은 특징으로 이루어져요. 첫 번째 특징은 자극입니다. 부름이라고 칭할 수도 있을 거예요. 뭔가가 나를 부르고, 나로 하여금 멈추어 듣게Auf-hoeren 만들어요. 이 무언가는 단순히 내가 늘 생각했던 것일 필요가 없어요. 늘 생각했던 것일 수 없습니다. 여기서 초월적인 순간이 작용해요. 공명은 순수한 조화와 순수한 일치가 아니에요. 순수한 조화와 일치뿐이라면 공명이 아니겠죠. 늘 같은 것만 듣고, 기존의 생각과 느낌과 행동이 강화될 따름이라면, 공명 관계라고 말할 수 없어요. 공명은 아주 다른 사람의 소리를 듣는 것을 의미해요. 이것은 매우 혼동스러울 수 있습니다. 공명에서는 다른 목소리가 그 어떤 모양으로 내게 닿습니다. 우리 모두가 그것을 알고 있어요. 공명은 학습해야 할 비밀스러운 능력이 아니에요. 이미 어린아이들도 공명을 해요. 유아 연구와 발달 연구가 이를 증명하지요. 아이들은 멈추어 귀를 기울이고aufhoeren, 그들 자신의 행동과 그들에게 와닿는 것의 상호작용을 확인합니다. 가령 아이는 소리를 내고, 귀 기울여요. 그러면 양육자가 아이의 소리에 응답하지요!

여기서 공명의 두 번째 특징이 생겨나요. 두 번째 특징은 바로 자기 효능감이에요. 즉, 나의 행동이 타인과 모종의 연결이 되는 것이죠. 연결은 중요한 특징입니다. 제게

—

늘 같은 것만 듣고, 기존의 생각과 느낌과 행동이

강화될 따름이라면, 공명 관계라고 말할 수 없어요.

공명은 아주 다른 사람의 소리를 듣는 것을 의미해요.
▎

공명의 기본 형태는 듣기와 대답하기예요. 무언가가 저에게 닿고 저를 불러요. 그리고 저는 문득 수신되는 것에 반응함으로써 일어나는 연결을 확인하지요. 대학에서 강의하며 그런 상황을 경험해요. 여러분 중 많은 분들이 학교에서 혹은 청소년들과 함께하면서, 또는 어떤 기회에 청중으로 가득한 홀에서 이야기할 때 이런 일을 경험할 겁니다. 그럴 때면 가끔은 벽에 대고 말하는 듯한 느낌이 들지요. 아무 관심이 없는 멍한 얼굴들, 피곤한 시선들이 보여요. 또는 핸드폰이나 들여다보며 반쯤 졸고 있는 사람들도 있지요. 아니면 강연자를 싫어하는 기색이 역력해요. 틀린 말을 하거나 젠더를 들먹이거나, 반대로 젠더를 들먹이지 않기 때문이죠. 오늘날에는 젠더를 논해도 욕을 먹고, 논하지 않아도 욕을 먹어요. 하지만 상호 간의 관계가 생겨나면 아주 정확히 느껴져요. 그럴 때는 제 생각을 말할 때 갑자기 공명이 생겨나는 게 보여요. 신체 자세가, 시선의 방향이, 시선 자체가 변하지요. 눈이 반짝이고 뭔가가 움직입니다. 마음만 먹으면 – 막스 플랑크 경험 미학연구소에서 그런 일을 하지요 – , 측정해서 눈으로 확인할 수 있어요. 내가 문득 멈추어 귀 기울일 때, 다른 존재가 내게 와닿을 때, 나의 호흡수, 심박동, 피부 저항이 변화합니다. 호르몬 분비도 변하죠. 우리는 부름에 반응합니다. 부름과 더불어 뭔가를 하며, 바로 그때 살아 있음을 느낍니다. 살아 있음을 느끼는 순간이죠. 브뤼노 라투르, 코린 펠뤼숑, 안드레아스 베버, 그 외 많은 사람들도 그런 이야기를 해요. 살아 있음을 느끼는 순간은 내가 부름받을 뿐 아니라, 갑자기 그때 내게 닿는 목소리, 내가 만나는 음악과 더불어 무엇인가 할 수 있음을 확인하는 순간입니다. 하지만 때로는 이런 일이 가능하지 않아요. 그럴 때는 아름다운 음악을 들으면서도, 내가 좋아하는 음악이지만 이번에는 전혀 와닿지 않는다는 걸 확인할 수 있습니다. 이 순간에는 이런 응답이, 멈추어서 듣는 능력이 결여되어 있기 때문입니다. 마주하여 다가가고, 자기 자신을 열며, 그로부터 다른 무엇을 만들어내는 능력이 결여되어 있습니다.

우리가 '접촉(터치)'에 주체적으로 반응할 수 있을 때 공명의 세 번째 특징이 찾아옵니다. 바로 변화라는 요소입니다. 공명이 이루어질 때, 정말로 멈추어 귀를 기울일 때, 우리에게 와닿은 것과 연결될 때 우리는 변화합니다. 다른 기분, 다른 생각들에 이릅니다. 세상을 다르게 보거나 다르게 생각하기 시작합니다. 깊은 우울감에 빠져 있거나, 번아웃 상태라면 더 이상 공명할 수 없습니다. 공명은 인지적으로 파악이 가능한 감각이 아닙니다. 번아웃은 공명을 가로막습니다. 번아웃은 공명의 반대극이라 할 수 있지요. 번아웃은 공명 능력이 없고, 아무것도 내게 와닿을 수 없는 상태, 그 무엇에도, 그 누구에게도 닿을 수 없는 상태입니다. 번아웃 상태에서는 부름에 응답할 수 있는 능력과 자기 효능감도 결여됩니다. 그러면 나라는 사람은 내적으로도 경직돼요. 마음이 움직이지 못하는 상태죠. 반면 공명을 경험하고 부름을 받을 수 있다면, 변화를 경험해요. 나는 더 이상

멈추어 귀를 기울일 때, 우리에게 와닿은 것과

연결되는 때 우리는 변화합니다.

다른 기분, 다른 생각들에 이릅니다.

번아웃은 공명을 가로막습니다.

똑같은 사람으로 남지 않고, 그런 경험의 순간에 변화합니다. 이것은 이미 말했듯이 살아 있음을 느끼는 순간이죠.

하지만 이제 이런 순간을 억지로 경험할 수는 없다는 사실이 중요합니다. 비싼 티켓을 구입해 최고의 콘서트를 들으러 가며 "그래, 오늘 저녁이야!"라고 생각할 수 있습니다. 처음으로 핑크 플로이드 콘서트에 가면서 저는 "오늘 감동이 물밀 듯 밀려올 것"이라고 생각했습니다. 하지만 콘서트는 그다지 감동적이지 않았습니다. 왠지 모르게 지루했지요. 이런 말을 하는 건 제게 거의 신성 모독처럼 여겨지지만요. 핑크 플로이드는 제가 좋아하는 밴드로, 젊은 시절 저의 아이돌이죠. 평소 기대를 많이 했던 일이 일어날 때, 우리는 늘 억지로 정말 너무 너무 멋졌다고, 믿을 수 없을 만큼 좋았다고 믿으려 합니다. 노골적으로 열광할수록 실제 일어나는 공명은 더 적은 것 같습니다. 공명은 억지로 만들 수 없어요. 값비싼 입장권이나 최상의 세팅으로도 되지 않아요. 촛불을 밝혀놓고 멋진 식사를 하더라도 마찬가지예요. 크리스마스도 그렇죠. 크리스마스 이브에는 기대가 최고조에 달해요. 오후 5시까지 우리는 대부분 절망 모드로 일과를 수행해요. 그러다가 갑자기 땡하고 종을 치자마자, 가족과 성 가족(예수, 마리아, 요셉으로 이루어진 성스러운 가족) 그리고 거룩한 메시지와 공명에 들어가려고 하죠. 솔직히 말해, 관련 직종에서 일하는 모두는 알고 있어요. 정확히 이때보다 더 소외와 갈등이 일어날 확률이 높은 시점은 없다는 사실을요. 공명은 억지로 만들어낼 수 없어요. 버튼을 누르는 식으로는 되지 않죠. 그런 면에서 일부러 촛불을 켜고 로맨틱한 식사를 하려고 해도 대부분 실패합니다. 공명 대신에 다툼이 일어나기 십상이죠. 그리하여 공명의 네 번째 특징은 공명은 통제할 수 없다(마음대로 되지 않는다)는 것입니다. 공명은 만들어낼 수도, 구입할 수도, 강제할 수도 없습니다.

하지만 정말로 공명이 일어나면, 변화가 생깁니다. 여기서 흥미로운 점은 – 저는 지금까지 이 점이 과소평가되었다고 생각하는데 – 어떤 결과가 나올지 아무도 예측할 수 없다는 것입니다. 물론 이제 우리가 좀 이따 단상에서 토론하게 되면, 저는 늘 하는 말을 할 거예요. 논의에 뭐라고 대답할지 이미 정확히 알고 있을 수도 있어요. 이미 백번은 그런 토론에 임해봤고 대답해봤기 때문이죠. 다른 참여자들도 아마 그렇게 할 거예요. 그들도 이미 했던 말을 또 하고, 이런 토론은 공명 없이 남게 될 거예요. 하지만 갑자기 우리가 서로에게 가닿는 일이 일어날 수도 있어요. 우리가 멈추어 귀를 기울이고 "그런 건 아직 본 적이 없었다."라고 말할 수도 있어요. 그러고 나면, 그로부터 새로운 것이 생겨나요. 예측은 전혀 불가능해요. 첫째, 그 일이 일어날지, 둘째, 어느 지점에서 일어날지, 셋째, 그로부터 어떤 결과가 나올지 예측할 수 없죠. 따라서 결과가 열려 있다는 것도 공명의 '통제할 수 없는' 특성에 속합니다. 최적화만을 따진다면 공명은 나쁜 수단입니다. 효율성만 중시하는 상태에서는 결과가 어떻게 되어야 하는지 미리 정해져 있죠. 저의 동료 한스 요아스는 이런 식의 열린 결과와 관련해 행동의 창조성을 이야기합니다. 하지만 이런 순간을 위해 제가 좋아하는 메타포는 사실 앞서 언급했던 한나 아렌트의 탄생성 개념입니다. 갑자기 저와 여러분이 예전에 떠올린 적 없는 새로운 생각이 탄생하지요. 그래서 공명은 소위 새로운 것이 탄생하는 장소입니다. 그러나 새로운 것은 마음대로 만들어낼 수 없습니다. 예견할 수도, 예측할 수도 없습니다.

세계와 연결되는 공명

따라서 이 사회에서 우리는 무엇을 필요로 할까요? 저는 이 사회가 다시금 타인의 부름을 들을 수 있는 능력을 지녀야 한다고, 타인이 말을 걸 수 있는 존재가 되어야 한다고, 결과가 확정되어 있지 않은 가운데 자기 효능감을,

사회가 다시금 타인의 부름을 들을 수 있는

능력을 지녀야 한다고, 타인이 말을 걸 수 있는

존재가 되어야 한다고, 결과가 확정되어 있지 않은

가운데 자기 효능감을, 자신이 다른 사람에게

영향을 끼칠 수 있다는 것을 경험할 수 있어야

한다고 생각합니다.

자신이 다른 사람에게 영향을 끼칠 수 있다는 것을 경험할 수 있어야 한다고 생각합니다. 한편으로는 내면적으로 이런 능력을 지닐 수 있어요. 공격 모드에서 벗어나 잠시라도 "무엇을 얻을 수 있을까? 이것이 내게 무슨 유익이 될까? 무슨 일을 더 이루어야 할까? 무엇을 통제할 수 있을까? 나는 무엇을 잘할까? 나는 무엇을 하지 못할까?"라고 묻지 않을 수 있다면 말입니다. 스스로 솔직하게 드러낼 수 있어야 한다는 거예요. 타인이 '터치'할 수 있는 존재, 타인에게 영향을 받을 수 있는 존재가 되어야 한다고요. 이것은 스스로를 취약하게 만든다는 의미이기도 합니다. 물론 경쟁에 기초하고, 성장을 목표로 하는 사회에서 타인과 맞닿은, 개방적인 태도로 살려면 큰 위험을 감수해야 하지요. 어쨌든, 우선은 '듣는 마음'을 가질 필요가 있습니다. 타인의 말에 귀 기울인다고 해서 반드시 공명에 이를 수 있는 것은 아니지만 말이에요. 공명을 위한 사회적, 물질적 공간도 필요합니다.

저는 종교가 실제로 그런 공간을 가지고 있다고 주장하고 싶어요. 최소한 종교는 본질적으로 그런 공간을 지향한다고 말하고자 합니다. 종교는 우리에게 성장 지향적인 세계 관계가 아니라 다른 세계 관계가 가능함을 상기시키는 요소들을 가지고 있습니다. 시간 개념으로 말하자면, "내 시간은 당신의 손안에 있습니다."라는 노래나, 교회력(기독교에서 해마다 행하는 축일 및 행사일을 정한 달력)만 생각해도 그러하죠. 나의 아버지는 늘 이렇게 말씀하시곤 하셨어요. "너무 지루해. 아무 일도 일어나지 않아. 2000년 전부터 매 해가 똑같아." 저는 아버지의 말에 이렇게 대꾸하고 싶어요. "바로 그거예요! 혁신도, 발전도, 성장도 없는 것!" 이것은 우리가 가진, 경제적 자원으로서의 시간개념과는 다른 시간개념입니다. 공간개념도 달라요. 교회에 들어가면 그곳에서 여러분이 마음대로 할 수 있는 것, 통제하거나 지배할 수 있는 것은 아무것도 없어요. 공격 모드는 그 공간에서 목표 대상을 찾지 못합니다. 물론 교회를 너무 싫어해서 교회 벽의 십자가를 떼어내고 싶어하는 사람이 아니라면 요. 물론 그럴 수도 있겠지만요. 하지만 그런 의도 없이 교회에 들어가는 사람들은 한순간 공격적인 태도가 모조리 사라져버리는 공간으로 들어가게 됩니다.

그러나 제가 보기에 결정적인 점은 종교의 전반적인 사고와 전통, 그리고 깊이 있는 종교적 해석이, 바로 공명 관계라는 개념과 이 개념의 실천에 초점을 맞추고 있다는 점입니다. 공명에 대한 책을 쓴 다음에야 이것을 알게 되었습니다. 삼위일체를 예로 들어보겠습니다. 삼위일체는 성부, 성자, 성령 사이의 공명 관계를 이야기하는 것입니다. 그리고 아마도 우리 믿는 자와의 공명 관계도 말이에요. 저는 이미 특히 '가톨릭이 공명의 특성을 지니고 있지 않을까'라는 주제로 글을 쓴 적이 있고, 그렇다고 말하고 싶습니다! 심지어 그런 특성을 아주 많이 가지고 있어요. 특히 신체적 공명 특성을 많이 가지고 있지요. 저는 어려서, 가톨릭 신자들이 십자성호를 긋거나 성수에 손끝을 담그는 걸 보며 살짝 질투심을 느꼈습니다. 성인들의 이름을 부를 때도요. 이 모든 제스처와 의례의 기본이 되는 생각은 언제나 일종의 연결을 만들어내는 것이에요. 세계, 그리고 다른 세계와의 공명의 연결 말입니다. 뭔가가 나를 터치하고, 내 안에 변화를 일으킵니다. 그렇게 표상이 공유되고 경험될 수 있어요.

사실 사회에서 그런 공명에 대한 동경은 굉장히 큽니다. 종교적 맥락을 훨씬 뛰어넘지요. — 예나 대학의 하나 디트리히가 쓴 훌륭한 박사 논문도 이런 이야기를 하고 있는데요 — 뉴 에이지 혹은 신비주의라는 꼬리표를 달고 일어나는 거의 모든 현상은 공명에 대한 뿌리 깊은 동경의 표현이자 공명에 대한 확신으로 해석할 수 있다고 봅니다. 사람들은 바위와 풀, 강과 산, 그리고 별에서 공명을 찾으려 하지요. 거기서, 혹은 거기로부터 공명을 되찾고자 합니다. "그래, 저 보석과 나는 연결되어 있어." 또는 (치료제로 쓰이는) 꽃 추출물과 내가, 약수와 내가 어떤 식으로든 연결되어 있다고 생각하지요. 악한 시선과 은밀한 지구 광선으로부터 나 스스로 보호해야 해. 이 모두가 다 공명에 대한 생각입니다. 점성술과 별점이 예나 지금이나 널리 퍼져 있고 인기가 있는 이유는 그것들이 천문학적 관점에서 일리가 있다거나, 좋은 설명 모델을 제공하기 때문이 아닙니다. 점이나 별점 같은 것을 보는 대부분의 사람들은 "정말로 믿지는 않지만 그래도…"라는 말로 스스로를 합리화합니다. 그래도 뭐지요? 저는 포스트모던 시대를 사는 많은 이들에게 점성술이나 별점이 그렇게도 매력을 행사하는 이유는 그것들이 전 세계를 아우르는 외부의 것, 어떤 포괄적인 현실, 즉 우주와 우리의 가장 내밀한 운명이 연결되어 있다는 느낌을 주기 때문이라고 생각합니다. 바로 공명으로 연결되어 있는 것이죠.

저는 종교도 이로부터 커다란 힘을 얻는다고 생각합니

다. 종교가 일종의 수직적 공명을 약속한다는 점에서 말이에요. 종교는 우리 실존의 근원에는 침묵하는 차갑고 적대적인 혹은 냉담한 우주가 아니라, 응답의 관계가 있다고 말합니다. 저는 이것이 유일신교의 종교적 사고의 핵심이라고 생각합니다. 아니, 더 나아가 힌두교와 불교적 사고의 핵심이기도 하지요. 하지만 기독교에 머물러봅시다. 제가 보기에 기독교의 기본적인 사고는 나의 실존의 근저에는 침묵하는 우주, 차가운 메커니즘, 벌거벗은 우연이나 심지어 적대적인 상대편이 놓여 있지 않고, 응답의 관계가 있다는 것입니다. "내가 너를 지명하여 불렀으니 너는 내 것이다." 이것이 공명의 호소가 아니라면 무엇이겠습니까? 뭔가가 나를 부르고, 나를 지목한 것이에요. 다음과 같이 상상해보세요. "내가 네게 생기를 불어넣었다." 성서에는 이런 이미지들이 많이 있습니다. 저는 성서를 외침과 부름, 간청에 대한 독보적인 기록으로 봐요. 들어달라고, 공명을 발견해달라고, 침묵하는 별들의 세계 앞에서 반향을 찾아

기독교의 기본적인 사고는 나의 실존의 근저에는

침묵하는 우주, 차가운 메커니즘,

벌거벗은 우연이나 심지어 적대적인 상대편이

놓여 있지 않고, 응답의 관계가 있다는 것입니다.

달라고 간청하고 있죠.

성서, 신앙, 교회는 이런 대답, 이런 약속을 제시합니다. '거기에 너를 생각하는 존재가 있다, 너를 부르고, 네 마음의 소리를 듣는 존재. 지금 여기서는 그 존재가 눈에 보이지 않더라도 그런 존재가 있다'고 하는 것이죠. 우리는 방금 공명은 그 자체로 마음대로 만들어낼 수 없다고 이야기했습니다. 같은 방(공간)에 있는 사람들과의 공명조차 억지로 되지 않습니다. 중요한 것은 약속입니다. 바로 우리가 공명 관계에 있다고 하는 약속이지요. 가령 기도 자세에서는 신체적으로 눈에 보이고, 지각할 수 있는 공명의 축이 만들어집니다. 거기서는 공명의 의미를 신체적으로 느낄 수 있습니다. 사회학자로서 저는 이렇게 자문했습니다. "기도할 때 사람은 밖으로 향하는 것일까, 안으로 향하는 것일까?" 그러고 나서 놀랍게도 동시에 두 방향으로 향하고 있다는 걸 깨달았습니다! 공명의 축은 나의 실존의 근저로부터 생겨납니다. 기도하는 사람은 자신의 실존의 근저에서 – 카를 야스퍼스의 표현을 빌리자면 – 포괄적인 타자와의 관계 속에 있습니다. 내 실존의 본질은 바로 공명 관계입니다.

이것은 신학적인 사고일 뿐 아니라, 삶으로 구현되는 종교적 실천이기도 합니다. 가령 성찬식을 생각해보세요. 성찬식에서는 심지어 공명의 축 세 개가 동시에 활성화됩니다. 인간에서 인간으로, 인간에서 사물로, 인간에서 포괄적인 타자로 이어지는 공명의 축이 말이지요. 거기서 친교가 생겨납니다. 인간 사이의 관계이자 모든 것을 아우르는 포괄적인 전체와의 관계이죠. 제게는 신앙을 갖는 것이 합리적이냐, 신을 증명할 수 있느냐, 성서가 세상을 설명하느냐, 혹은 성서가 하느님의 말씀이냐 하는 것들이 중요하지 않습니다. 사회학자로서 저는 이 모든 질문에 답변할 수 없을 뿐 아니라, 이런 질문을 결코 의미 있게 제기할 수 없습니다. 제게 중요한 질문은 종교적 실천을 통해, 혹은 종교적 실천 안에서 세상과 어떤 식의 관계가 형성되는가 하는 것입니다. 그리하여 저는 마지막으로 이렇게 말씀드리고 싶습니다. 종교는 힘이 있습니다. 종교는 사상의 보고寶庫이며, 음악, 몸짓, 공간, 전통, 실천 등 의례적 도구로 가득합니다. 이런 요소들은 타자의 말 걸어옴, 즉 타자의 부름을 받는 것이 무엇인지, 변화를 받는 것이 무엇인지, 공명 속에 존재하는 것이 무엇인지에 대한 감각을 열어줍니다.

사회가 이것들을 잃어버리면, 이런 형태의 관계가 가능하다는 사실을 잊어버리면, 사회는 가망이 없습니다. 그래서 오늘날의 사회에도 아직 교회나 종교가 필요한가라는 물음에 "그렇다."라고 답할 수밖에 없습니다!

들어주셔서 감사합니다!

종교는 힘이 있습니다.

종교는 사상의 보고寶庫이며, 음악, 몸짓, 공간, 전통,

실천 등 의례적 도구로 가득합니다. 이런 요소들은

타자의 말 걸어 옴, 즉 타자의 부름을 받는 것이

무엇인지, 변화를 받는 것이 무엇인지, 공명 속에

존재하는 것이 무엇인지에 대한 감각을 열어줍니다.

작은 목소리가 닿을 수 있는 세계

이 작은 책의 역자 후기를 쓰려니 무력감이 느껴진다. 이 크나큰 절망의 시대에 한 가닥 희망을 노래해도 될까? 거짓이 난무하고 숭상되는 이 시대에, '에코 체임버' 현상이 극심하고 이편과 저편이 서로를 소외시키는 이 시대에, 작은 희망을 보아도 될까? 오직 이기는 것만이 중요할 뿐 다른 목소리를 맹목적으로 배제하는 이 시대, 중재가 불가능해 보이는 이 시대에 듣는 마음을 가지자고 하는, 타인이 말 걸어올 수 있는 존재가 되자고 하는 이 책의 작은 목소리가 얼마나 힘을 가질 수 있을까?

독일의 저명한 사회학자 하르트무트 로자는 이 책에서 현대 사회를 개괄적으로 진단한 뒤, 현대 사회가 개인과 세상 사이의 공격적인 관계를 만들어낸다고 말한다. 그래서 번아웃이 만연하고, 사회를 건강하게 하는 본질적 특성인 공명이 상실되고 있다는 것이다.

게다가 요즘 정치 문화가 변하고 있는 상황이 우려스럽다며, 정치적으로 다르게 생각하는 사람은 토론해야 하는 대화 상대가 아니라 입을 틀어막아야 하는 역겨운 적으로 인식되고 있다고 말한다. 상대를 바보로, 적으로 여긴다는 것이다. 자신은 옳고 상대는 틀렸다고 확신하는데 어떻게 공명이 이루어질 수 있을까? 이런 상황에서 하르트무트 로자는 자신이 누누이 강조하던 그 공명이 사실 종교에서는 이미 실천되고 있는 덕목이었다며, 이 시대에 종교가 발휘할 수 있는 잠재력을 이야기한다. 정보만이 난무하는 요즘 시대에, 종교에는 이야기가 있고, 리추얼이 있으며, 서로를 존중하고 약자를 귀하게 여기는 사상적 보고寶庫가 있다는 것이다. 교회 공간 자체가 공격성이 사라지는 공간이기도 하다.

하르트무트 로자의 이야기를 읽고 나니 민주주의와 관련해 종교에 정말 소중한 특성들이 많다는 것을 새삼 상기하게 된다. 종교는 더 높은 존재를 상정하기에 공명을 실현하기가 상대적으로 유리한 공동체임이 분명하다. 특히 하르트무트 로자가 이 책에서 다루는 기독교(오해하는 이들이 많기에 덧붙이는데 기독교라는 말은 개신교와 가톨릭을 통칭하는 커다란 개념이다)는 성서와 성서 정신이라는 커다란 전제를 공유하기에, 노력만 한다면 서로 일치점을 찾고 소통하는 일이 불가능하지 않을 것이다. 종교적 리추얼 또한 형식으로 그치지 않고 내면, 그리고 삶의 태도와 직결된다는 건 우리 모두 아는 바다.

그러므로 저자의 말대로 민주주의는 종교가, 공명이 필요하다. 이 책의 제안대로 종교가 스스로의 소중한 유산을

깨닫고, 자신의 본질을 이루는 정신으로 돌아가, 듣는 마음
을 회복했으면 좋겠다. 이 사회를 공명 사회로 만드는 작은
불씨가 될 수 있으면 좋겠다. 종교가 회복한 마음이 사회
전체로 번져갈 수 있으면 좋겠다. 종교는 많은 귀중한 요소
들과 더불어 공명에 대한 감각을 열어주는 요소들을 가지
고 있고, 저자가 강조하듯 "이런 공명 관계가 가능하다는
것을 잊어버린 사회는 가망이 없기" 때문이다. 짧지만 많
은 것이 함축된 책이다. 조심스레 일독을 권한다.

유영미

위기의 민주주의 경청에서 답을 찾다

공명 사회

초판 1쇄 발행 2025년 2월 28일

지은이 하르트무트 로자
옮긴이 유영미
펴낸이 이혜경
기획 · 관리 김혜림
편집 변묘정, 박은서
디자인 여혜영
마케팅 양예린

펴낸곳 니케북스
출판등록 2014년 4월 7일 제300-2014-102호
주소 서울시 종로구 새문안로 92 광화문 오피시아 1717호
전화 (02) 735-9515
팩스 (02) 6499-9518
전자우편 nikebooks@naver.com
블로그 blog.naver.com/nikebooks
페이스북 facebook.com/nikebooks
인스타그램 (니케북스) @nike_books (니케주니어) @nikebooks_junior

한국어판출판권 ⓒ 니케북스, 2025

ISBN 979-11-988878-9-4 (03300)